FACULTÉ DE DROIT DE

L'INSTITUT DE DROIT COMPARÉ

SON PROGRAMME

SES MÉTHODES D'ENSEIGNEMENT

LEÇON FAITE A LA SÉANCE D'INAUGURATION

PAR

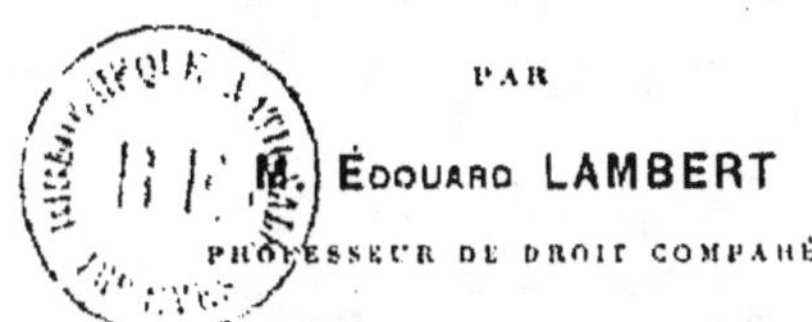

M. Édouard LAMBERT

PROFESSEUR DE DROIT COMPARÉ

HORAIRE DES COURS ET TRAVAUX PRATIQUES

POUR L'ANNÉE 1921-1922

LYON

A. REY, IMPRIMEUR-ÉDITEUR DE L'UNIVERSITÉ

4, RUE GENTIL, 4

1921

FACULTÉ DE DROIT DE LYON

L'INSTITUT DE DROIT COMPARÉ

SON PROGRAMME

SES MÉTHODES D'ENSEIGNEMENT

LEÇON FAITE A LA SÉANCE D'INAUGURATION

PAR

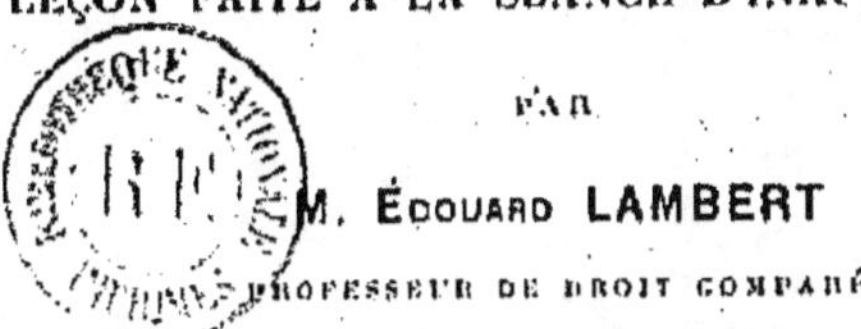

M. Édouard LAMBERT

PROFESSEUR DE DROIT COMPARÉ

HORAIRE DES COURS ET TRAVAUX PRATIQUES

POUR L'ANNÉE 1921-1922

LYON

A. REY, IMPRIMEUR-ÉDITEUR DE L'UNIVERSITÉ

4, RUE GENTIL, 4

1921

HORAIRE DE L'INSTITUT DE DROIT COMPARÉ

POUR L'ANNÉE 1921-1922

COURS

Introduction à l'étude du droit[1] .	M. HUVELIN.	Mardi, 8 heures.
Histoire comparative du droit. .	M. LAMBERT.	Mardi, 14 h. 3/4.
Science pénitentiaire .	M. P. GARRAUD.	Mercredi, 13 h. 1/2.
Jurisprudence comparative	M. LAMBERT.	Mercredi, 14 h. 3/4.
Droit constitutionnel comparé. . .	M. BOUVIER.	Vendredi, 10 h. 1/2.
		Samedi, 10 h. 1/2.

[1] Cours obligatoire pour l'obtention du *Certificat d'études comparatives de droit.*

EXERCICES PRATIQUES

Salle d'économie politique comparée	M. ANTONELLI.	Mardi, 16 heures.
Salle de travail de jurisprudence française.	M. PICARD.	Mercredi, 16 heures.
Salle de travail de jurisprudence étrangère.	M. LAMBERT.	Jeudi, 14 h. 3/4.

BIBLIOTHÈQUE

La *Bibliothèque de l'Institut de droit comparé, 15, quai Claude-Bernard,* est ouverte pendant la durée de l'année scolaire. Les publications, documents et livres adressés au Bibliothécaire seront dépouillés par les directeurs et les étudiants des salles de travail et analysés dans des revues annuelles de bibliographie légale. Quant aux collections qui seraient offertes à la Bibliothèque, elles pourront faire l'objet d'études d'ensemble du genre de celles qui vont être consacrées, dans les premiers fascicules des *Travaux* de l'Institut, aux *Reports* et au *Journal* de l'*American Bar Association* et aux actes de la *Commission on Uniform State Laws* américaine.

L'INSTITUT DE DROIT COMPARÉ

SON PROGRAMME. SES MÉTHODES D'ENSEIGNEMENT[1]

En prenant possession de cette chaire, je tiens à exprimer ma reconnaissance à tous ceux qui ont coopéré à l'établissement de l'Institut de droit comparé auquel elle est destinée à servir de support : à mes collègues de la Faculté qui, par la direction de leurs enseignements et de leurs publications, ont créé l'ambiance nécessaire à l'éclosion de cet Institut, à M. le doyen Josserand et à son assesseur, M. Huvelin, qui, par leur ténacité, ont assuré la constitution du premier noyau de notre bibliothèque d'études, et surtout aux deux hommes qui ont été les véritables créateurs de l'Institut que nous inaugurons aujourd'hui : M. le Directeur de l'Enseignement supérieur et M. le Maire de Lyon.

Quelques mois après la signature de l'armistice, dans un rapport présenté au nom de cette Faculté nous exposions à M. le Directeur de l'Enseignement supérieur nos préoccupations d'après guerre[2]. Nous lui faisions part de l'inquiétude éprouvée à la lecture d'articles parus en pleine guerre, en 1916, dans des revues américaines profondément sympathiques à notre cause. Nous y trouvions affirmé, comme la constatation d'un fait d'évidence, que les codes français avaient représenté la synthèse de la science juridique du continent européen pendant la première moitié du XIXᵉ siècle, mais qu'ils avaient été vers la fin de ce siècle supplantés dans cette fonction

---

[1] Leçon faite à la séance d'inauguration de l'Institut, par M. Edouard LAMBERT, professeur de Droit comparé.

[2] *L'Enseignement du Droit comparé. Sa coopération au rapprochement entre la jurisprudence française et la jurisprudence anglo-américaine* (Annales de l'Université de Lyon, 1919).

— 6 —

par les codifications plus récentes de l'Allemagne et que c'était, dès lors, dans la littérature juridique germanique qu'il fallait chercher la dernière expression de la pensée juridique continentale[1]. Ces affirmations d'éminents comparatistes anglo-américains ne faisaient-elles pas craindre que les répercussions morales de la guerre n'aient pas consacré aussi pleinement que nous le souhaitions l'avortement des efforts faits par l'Allemagne pour établir son hégémonie scientifique dans les compartiments juridiques de la science? N'était-ce pas un salutaire avertissement de nous tenir en garde contre la reprise d'une propagande que nous avions nous-mêmes favorisée dans l'avant-guerre en nous pliant avec trop de complaisance aux rites et aux modes de l'érudition germanique? N'avions-nous pas trop négligé de suivre la propagande scientifique allemande sur l'excellent terrain où elle s'était placée en développant dans ses séminaires les disciplines comparatives, en y présentant ses codes comme le couronnement d'une évolution commune à l'Europe occidentale où les codifications latines n'apparaissaient plus que comme des étapes dépassées; en y faisant de l'histoire du droit anglais et de l'histoire du droit français les annexes et les prolongements de l'histoire du droit germanique?

La guerre, constations-nous, a endigué momentanément le courant qui portait une clientèle de plus en plus nombreuse de jeunes juristes du dehors vers les Universités d'outre-Rhin. Elle en a dérivé une large part vers nos Universités. Le prestige de la victoire y retiendra sans doute quelque temps cette clientèle nouvelle. Mais, quand s'estompera le souvenir des atrocités et des dévastations de la guerre, elle risque de reprendre les routes accoutumées si, pendant son séjour chez nous, nous n'avons pas su lui fournir les aliments intellectuels appropriés à ses goûts. Pour avoir chance de la fixer, il faut que, nous aussi, nous lui présentions notre histoire juridique nationale dans son encadrement de relations extérieures, dans ses rapports avec la marche générale de formation des institutions européennes. Il faut que, sous la masse de notre jurisprudence, nous lui fassions découvrir, par le rapprochement des législations filiales et parentes de la nôtre, le fonds de principes et d'idées commun à tous les droits formés à l'école de la jurisprudence romaine. Résultat qui ne peut être obtenu que par l'ouverture, à

---

[1] R.-W. Lee, Looking forward (*Harvard Law Review*, xxx, 789 et s.).

côté de nos rayons traditionnels d'enseignement, d'un rayon spécial de droit comparé.

M. Coville, qui garde fidèlement le souvenir des temps déjà un peu lointains où il enseignait avec tant d'éclat dans notre Faculté des lettres, s'est attaché à la réalisation de nos vœux avec la même ardeur que s'il était encore des nôtres. Dans ses propositions pour le budget de 1920, il prévoyait la création de deux chaires magistrales et de deux postes d'agrégés pour le service d'un Institut lyonnais de droit comparé, qu'il aurait ainsi doté dès sa naissance des organes nécessaires au développement simultané de toutes les disciplines comparatives. Ces prévisions, trop ambitieuses, subirent le sort du vaste plan d'extension universitaire dans lequel elles s'encadraient. Elles ne parvinrent pas à la discussion parlementaire. L'avortement de cette première tentative ne pouvait ni nous décourager, ni même nous surprendre. Car, dans notre mémoire de 1919[1], après avoir montré que l'enseignement du droit comparé ne pouvait s'asseoir dans des conditions suffisamment confortables que sur le triple support d'une chaire d'Histoire comparative, d'une chaire de Droit civil comparé et d'une chaire de Droit commercial comparé, nous reconnaissions nous-même que la crise de recrutement que traversaient les Facultés de droit ne permettait pas au Ministère de l'instruction publique d'assurer immédiatement le service de ces trois chaires. Et nous préconisions la création, à titre de pierre d'attente, d'une chaire mixte d'Histoire et de Jurisprudence comparatives qui, quand les circonstances deviendraient plus favorables, pourrait être scindée en deux ou trois chaires distinctes. C'est à ce programme préparatoire que M. le Directeur de l'Enseignement supérieur se rallia dans ses propositions pour le budget de 1921. Il l'eût difficilement fait aboutir, si nous n'avions trouvé le concours d'une des plus hautes personnalités du monde parlementaire.

Nous n'avons pas eu besoin de plaider notre cause près de M. Herriot. Nos préoccupations de juristes lyonnais se trouvaient en intime concordance avec les directions d'ensemble qu'il cherche à imprimer aux activités économiques et intellectuelles de notre ville et qui ont trouvé une si saisissante expression dans l'établissement de la Foire de Lyon Nos Facultés ont le devoir d'adapter leurs enseignements à l'humeur propre d'une cité dont toutes les

---

[1] *L'Enseignement du Droit comparé* p. 111-112.

énergies économiques sont tendues vers la mise en valeur de nos colonies et la recherche des débouchés commerciaux à l'étranger. C'est sous l'impulsion de cette nécessité que notre voisine, la Faculté des lettres, encouragée et soutenue par la Chambre de commerce de Lyon, a greffé, sur son réseau si riche d'enseignement des langues vivantes, un embryon d'école des langues orientales. La Faculté de droit, elle aussi, a sa tâche à remplir dans ce travail d'adaptation de l'enseignement universitaire aux besoins du commerce extérieur. Si le développement de la connaissance des langues étrangères est indispensable à l'expansion de ce commerce, le développement de la connaissance des droits étrangers n'est pas moins nécessaire à sa sécurité. Les risques auxquels l'expose la diversité des législations et des jurisprudences seraient notablement limités si ceux qui exercent ce commerce pouvaient trouver sur place des conseillers légaux outillés pour les renseigner sur les effets juridiques que leurs transactions sont destinées à produire à l'étranger, — et surtout pour les renseigner à l'heure opportune. L'heure opportune, ce n'est pas celle où surgissent des contestations sur l'exécution d'un contrat déjà conclu. Dès cet instant, le sort du contrat est d'ordinaire irrévocablement fixé par l'ensemble des circonstances dans lesquelles il a été passé. L'heure opportune, c'est l'heure des pourparlers et des réflexions, celle qui précède l'échange des consentements et des signatures. C'est à ce moment surtout qu'il serait utile au commerçant français d'être renseigné sur la capacité juridique de ses clients ou de ses fournisseurs étrangers, sur les pouvoirs des administrateurs ou des agents de firmes étrangères avec lesquels il entre en pourparlers, sur la règlementation donnée par les législations du dehors à ceux des éléments de sa convention qui tomberont sous leur emprise. Le commerce lyonnais pourrait, à ce point de vue, retirer des bénéfices appréciables de la consultation de notre bibliothèque de jurisprudence comparative si nous arrivions à lui donner les développements désirables. Mais encore faudrait-il, pour l'utiliser, qu'il disposât d'auxiliaires techniques sachant s'orienter dans cette bibliothèque, y découvrir rapidement les volumes contenant les textes législatifs et les décisions judiciaires applicables à l'espèce qui leur est soumise, — et des auxiliaires qui, ayant trouvé ces textes, puissent en comprendre la signification et la portée. Ce sont ces vocations d'agents de renseignements juridiques du commerce extérieur qu'il s'agit d'éveiller, par l'enseignement du droit com-

paré, chez l'élite de nos étudiants. Il nous a suffi de signaler à
M. Herriot ces aspects de notre programme, et, l'ayant fait sien, il
l'a réalisé en obtenant, par son autorité de rapporteur du budget
de l'Instruction publique, l'inscription dans la loi de finances de 1921
des crédits nécessaires à l'établissement de la chaire que nous inaugurons aujourd'hui.

*
* *

En retraçant les origines de cette chaire, j'ai par là même délimité le champ d'action de ses enseignements. M. Huvelin disait,
dans son discours de rentrée, que cette chaire n'existe pour l'instant
dans aucune autre Université de province. Je crois qu'il serait plus
exact de dire qu'elle n'existe dans aucune autre Université française,
pas plus à Paris qu'en province. Car son programme se différencie
par trois points de vue essentiels de celui des chaires de *Législation
comparée* qui jusqu'ici ont détenu da   nos Facultés le monopole
de la représentation des études comparatives de droit privé.

1. — Elle constitue une chaire mixte d'histoire comparative du
droit et de jurisprudence comparative moderne, la chaire de tran-
sition que nous demandions subsidiairement en 1919 pour abriter,
en attendant qu'ils puissent se développer sous l'impulsion de professeurs distincts, deux groupes d'enseignements comparatifs qui
s'y trouveront sans doute logés fort à l'étroit, mais qui, tout au
moins, obtiennent par là la reconnaissance officielle de leurs droits
égaux à l'existence. C'est pour cette raison que la garde de l'abri
provisoire commun a été confiée à un représentant du groupe
jusque-là tenu à l'écart, à un professeur qui, ayant consacré vingt-
cinq années de sa carrière à l'enseignement de l'histoire du droit
français, y a nécessairement puisé, sinon l'expérience, du moins, la
curiosité des choses de l'histoire comparative du droit. Mais, si les
historiens revendiquent leur place légitime dans la maison commune, ils ne songent point à méconnaître les droits des premiers
occupants. Les deux leçons par semaine que comporte cette chaire
seront donc consacrées, l'une, celle du mardi, à l'histoire comparative du droit, l'autre, celle du mercredi, à la jurisprudence comparative moderne.

Il y a deux façons de concevoir le premier de ces enseignements.
On peut d'abord l'envisager comme une discipline à tendances

archéologiques qui permet de suivre l'histoire de la famille, de la propriété, de l'obligation et de tant d'autres institutions juridiques universelles jusqu'à des phases de leur formation beaucoup moins avancées que celles qu'on rencontre au seuil de l'histoire romaine ou de la nôtre et d'éclairer les périodes obscures de l'histoire de nos institutions juridiques. J'aurais mauvaise grâce à critiquer cette première conception. Car ce serait renier les directions antérieurement données à mes travaux personnels[1] et à ceux d'étudiants que j'avais aiguillés aux approches de la guerre vers l'étude comparée de la civilisation juridique musulmane et de la nôtre[2].

Mais ce n'est pas sous cette forme que l'histoire comparative du droit a sa place marquée dans l'enseignement de notre Institut. Elle doit s'y présenter comme la préface et la clef nécessaires de toute étude de jurisprudence comparative. C'est dans le développement historique des divers systèmes juridiques, qui se sont détachés du fond général des coutumes de la chrétienté médiévale d'Occident, qu'il faut chercher l'explication de la plupart des divergences d'humeur qui séparent actuellement les législations latines ou germaniques des législations anglo-saxonnes. Il en est sans doute qui tiennent à d'autres causes, comme la divergence des politiques sociales internes ou des politiques commerciales extérieures. Ce sont les moins durables. Celles qui mettent le plus obstacle à la compréhension mutuelle entre les juristes des divers pays, diversité des terminologies et des classifications techniques, diversité des méthodes d'élaboration du droit, sont le produit d'accidents relativement anciens des diverses histoires nationales. Seule, la lumière de l'histoire permet d'en comprendre la signification intime et surtout de les embrasser dans une vue synthétique. Sans le secours de cette lumière, l'étude comparative des législations du temps présent est condamnée à rester une étude de surface. Le premier de nos deux cours sera consacré cette année à une esquisse, tracée à larges touches, de la formation historique des droits occidentaux,

---

[1] *La Tradition romaine sur la succession des formes du testament devant l'histoire comparative*, 1901. — Le Problème de l'origine des XII tables. Quelques contributions empruntées à l'histoire comparative et à la psychologie des peuples (*Revue générale du Droit*, 1903).

[2] *Travaux du Séminaire oriental d'études juridiques et sociales*, édition française, 1912-1914, Paris, Geuthner; édition arabe, 1333-1334 H. Le Caire, imprimerie El Maaref.

de leur développement parallèle depuis le temps des croisades et de la conquête normande de l'Angleterre jusqu'à l'heure présente. Il vous fournira les fils conducteurs pour aborder l'étude des législations étrangères, sans être effrayés par des classifications, au premier abord mystérieuses, mais qui, replacées dans leurs origines historiques, deviennent d'une assimilation aussi facile que la classification du droit romain.

II. — Le second point par lequel cette chaire se distingue de celles qui existent ailleurs dans le même champ comparatif, c'est qu'elle n'est pas une chaire de *Législation comparée*. Nous avons demandé avec insistance et obtenu qu'elle fût libérée de cette dénomination devenue traditionnelle et prît le titre de chaire de *Droit comparé*. Ce n'est pas là une question de mots, mais une question de programmes et de méthodes. Cela veut dire que le second des enseignements qu'abrite cette chaire n'a, ni pour objet exclusif, ni même pour objet principal, la comparaison de nos codes avec les codifications et les lois étrangères. Les études comparatives de droit privé ont fait leurs débuts dans les milieux universitaires en un temps où ces milieux n'étaient pas encore pleinement émancipés de la croyance à la plénitude logique de la loi, à son aptitude à tout régler d'avance. Modelant instinctivement les droits étrangers sur l'image que nous nous faisions du nôtre, nous avons cru d'abord que, pour pénétrer le secret de ces droits, il suffisait d'étudier leurs textes législatifs. C'est cette conception du droit comparé, limité à l'étude parallèle des législations officiellement en vigueur, qui a donné naissance aux cours de *législation comparée*.

Nous devrions déjà comprendre, par la seule observation de nos institutions nationales, que la loi n'est pas l'unique expression authentique, et n'est même pas toujours une expression véridique, des réalités du droit. Car une bonne partie des règles sous la contrainte desquelles nous vivons sont l'œuvre, non pas de la législation, mais de la jurisprudence des tribunaux. Et ce sont là pourtant phénomènes moins apparents chez nous que dans d'autres parties du monde civilisé. Nous pouvions encore nous dissimuler l'impuissance de la documentation législative à nous révéler à elle seule le droit réellement appliqué à l'étranger, tant que notre idéal se bornait à confronter des droits codifiés et marqués au coin commun de la culture juridique romaine. L'orientation nouvelle, que la guerre a imprimée à nos rapports économiques internationaux, nous force à évoluer maintenant vers un stade supérieur des études comparatives pour établir le contact entre notre droit et les droits à formation principalement judiciaire qui régissent ces grandes sphères de commerce international que sont l'Angleterre et ses Dominions d'une part, et les Etats-Unis d'Amérique d'autre part. Là des branches entières du droit restent encore en dehors de l'emprise législative. Et, quand le législateur y parle, il le fait avec moins d'autorité réelle que chez nous[1].

Il va de soi que notre commerce extérieur ne saurait suivre avec trop d'attention une marche du travail législatif étranger qui, même en dehors des matières douanières et financières, peut avoir des répercussions décisives sur l'ouverture ou le resserrement des marchés. Et, dans une bibliothèque d'études comme la nôtre, il serait infiniment désirable qu'on pût trouver, à côté des recueils de lois étrangers, soit les documents parlementaires qui les éclairent et font présager leurs modifications à venir, soit les textes où l'on peut suivre, à côté de leur application judiciaire, leur application administrative. Mais, une fois promulguée et entrée dans la pratique, la loi nouvelle se fond dans la jurisprudence générale des cours. C'est au travers de cette jurisprudence que les plaideurs l'aperçoivent. Ce qui leur importe, ce n'est pas de connaître la signification que le législateur a voulu donner à cette loi, mais de savoir comment les juges l'entendent et l'appliquent. Il me semble, pour toutes ces raisons, que la *législation comparée* a fait son temps, et que l'heure est venue où elle doit céder la place dans nos Universités à la *jurisprudence comparative*.

Il ne s'agit pas, bien entendu, de substituer à la comparaison des textes législatifs une aussi sèche comparaison des textes judiciaires. Nulle part, pas plus dans le monde anglo-saxon que dans le monde latin, la jurisprudence des cours n'est la source unique du droit. Elle est en quelque sorte le malaxeur qui pétrit et dose les éléments apportés, d'une part, par le législateur, et de l'autre par la pratique extrajudiciaire sous ses formes multiples et variées. C'est donc en se plaçant au point central qu'est la jurisprudence, à l'endroit où les matériaux dégrossis par d'autres instruments juridiques

[1] Je renvoie, sur ce point, à la démonstration que j'ai donnée dans une étude récente : *le Gouvernement des juges et la lutte contre la législation sociale aux Etats-Unis*, Paris, Giard, 1921.

subissent le dernier travail de triage et d'affinage, qu'on peut prendre la vue d'ensemble relativement la plus exacte de la physionomie actuelle d'un droit.

L'étude de la jurisprudence comparative n'est malheureusement pas d'un accès aussi facile que l'étude de la législation comparée. C'est pour cela qu'elle a été plus lente à se développer. Les principaux codes existants peuvent tenir dans un espace relativement restreint. Les monuments des jurisprudences étrangères, même réduits à leurs parties les plus récentes, forment des collections très encombrantes et très coûteuses. C'est assez dire que la constitution de l'instrument de travail, indispensable à tout enseignement de jurisprudence comparative qu'est la bibliothèque d'études, représente une œuvre de longue haleine. Sous peine d'être arrêtés dès les premiers pas par le défaut de documentation, nous devions sérier nos efforts et nous cantonner d'abord dans l'étude d'un groupe de jurisprudences ou même d'une jurisprudence étrangère.

Puisqu'il faut choisir, le choix paraît dicté par les conditions de la structure juridique de la société actuelle des peuples. *Société des peuples :* je prends ce mot dans le sens où on l'emploie, quand on parle de la société parisienne ou de la société lyonnaise : la société des gens du monde. Il existe aussi une société des peuples, société quelque peu fermée, composée de nations qui se considèrent comme arrivées au même degré général de civilisation, qu'unit la communauté d'organisation de leurs capitalismes ou l'échange quotidien de leurs productions économiques et qui toutes cherchent à tenir leur rang dans le monde. Au sein de cette société se rencontrent et se heurtent deux grandes formes rivales de la culture juridique, deux systèmes de droit commun, comme on dit en Angleterre, se disputant les préférences des peuples nouveaux-venus dans cette société ou qui aspirent à y entrer. C'est, d'une part, la culture juridique générale que les Américains désignent sous le nom de *droit civil* ou de *droit continental*, culture commune faite d'un ciment de droit romain, que l'influence de nos codes sur les codifications nationales ultérieures a contribué à consolider et qui, en dépit des luttes d'influence entre le droit français et le droit allemand, tient encore solidement unies les législations latines et les législations germaniques. Et, d'autre part, le *common law* anglais, sorti d'un premier noyau de coutumes françaises transportées progressivement en Angleterre à la suite de la conquête normande et qui, en s'adaptant au tempérament national et à l'organisation politique de ce pays, s'y sont épanouies en un puissant et original corps de jurisprudence que la colonisation anglaise a ensuite acclimaté aux États-Unis, dans la majeure partie du Canada, en Australie, en Nouvelle-Zélande, dans les Indes anglaises et jusque dans le Dominion Sud-Africain[1].

Pour un professeur lyonnais, la tâche la plus urgente de l'enseignement de la jurisprudence comparative est de préparer les étudiants à la compréhension de celle des deux grandes cultures juridiques mondiales à l'école de laquelle nous n'avons point été formés, de ce *common law* anglais qui est la règle de la moitié du monde commercial actuel. Il n'est pas de jurisprudence à laquelle le commerce extérieur lyonnais se heurte plus fréquemment. Il la rencontre sur presque tous les points du globe où domine la langue anglaise. Et c'est celle-là qu'il lui est le plus difficile de pénétrer. Pour les droits apparentés au nôtre par la communauté des influences romaines — droits latins et droits germaniques — nous suppléons, dans une certaine mesure, à l'absence des recueils de jurisprudence, par la consultation des codes ou des recueils de lois, par les renseignements que nous puisons dans les livres de doctrine et dans les revues. Nous n'avons même pas cette ressource pour les droits anglo-saxons qui ne sont pas codifiés et où les actes législatifs, qui ont donné une réglementation d'ensemble à divers chapitres du droit commercial, se présentent eux-mêmes comme une simple consolidation de la jurisprudence antérieure et ne prennent toute leur signification que par le rapprochement des textes de cette jurisprudence.

N'oublions pas, d'ailleurs, que nous trouvons maintenant à Strasbourg une Université française qui, par la compétence et la spécialisation de ses maîtres, est appelée à devenir un puissant foyer d'étude comparative du droit français et du droit allemand et dont la bibliothèque est assez richement pourvue pour ouvrir à ses visiteurs l'accès des jurisprudences germaniques. Et, parmi les jurisprudences latines, il en est une au moins que les juristes lyonnais peuvent aller consulter sur place sans s'imposer ni de très longs, ni de très coûteux voyages : la jurisprudence italienne. Il y a quelques

---

[1] J'ai défini ailleurs la portée de cette opposition entre les deux cultures juridiques : *l'Enseignement du Droit comparé*, p. 82-96.

mois, dans un article de la *Rivista del diritto commerciale*[1] consacré à la discussion de notre mémoire de 1919, un avocat de Rome, M. Giuseppe Righetti, après avoir mis en lumière les nombreux titres de la science et de la jurisprudence italiennes à servir d'instrument de liaison entre les jurisprudences anglo-saxonnes et les autres jurisprudences latines, exhortait ses compatriotes à créer un Institut de droit comparé sur les bases que nous avions préconisées. Je souhaite de tout cœur qu'il soit entendu. Car tout effort fait par la science italienne pour resserrer ses relations avec la science juridique anglo-saxonne profite par ricochet à la science française et réciproquement. Mais le vœu de M. Righetti est déjà entré en réalisation partielle dans une autre partie de l'Italie, beaucoup plus proche de nous. Je suis depuis de longues années avec un intérêt passionné le travail, parallèle au nôtre, que mon excellent collègue et ami, Mario Sarfatti, poursuit avec une si belle ténacité, en vue d'organiser à Turin l'équivalent de ce que nous faisons à Lyon. Il est encore un peu plus loin que nous du but; il l'atteindra, je n'en doute pas. Nos étudiants et anciens étudiants trouveront près de lui, pour la conduite des recherches scientifiques qu'ils pourraient avoir à poursuivre en Italie, les mêmes appuis et la même direction que rencontreront près de nous ceux de ses étudiants qui viendront consulter nos collections. Alors qu'une courte visite à l'une de ces Universités proches et largement ouvertes suffit à remédier aux plus graves lacunes de notre documentation germanique ou latine, les lacunes de notre documentation anglaise resteraient à peu près irréparables pour le travailleur lyonnais qui, par l'état des changes internationaux plus encore que par l'éloignement géographique, se voit d'ordinaire interdire les voyages d'études en pays anglo-saxon.

Nous avons consacré jusqu'ici toutes nos ressources — malheureusement beaucoup trop maigres — à la constitution du rayon anglo-saxon de notre bibliothèque d'études. Nous possédons déjà les collections usuelles de la législation et de la jurisprudence anglaise de l'année 1865 jusqu'à l'heure présente[2]. Quand elles auront été complétées par la série des *Digests* — que j'attends prochainement — et qui sont en quelque sorte les tables analytiques

[1] 1921, I, p. 266-279.
[2] *Law Reports* et *Statutes*, publiés par le Council of Law Reporting.

de ces collections, nous aurons en mains la bibliothèque d'un praticien anglais. Il nous faudra maintenant poursuivre le même travail pour la jurisprudence des Etats-Unis. Il est amorcé. Il sera long. Et, tant qu'il ne sera pas achevé, nous devrons nous résigner à chercher nos éléments de comparaison principalement, sinon exclusivement, dans le domaine du droit anglo-américain.

III. — Mais, si l'état de notre documentation nous oblige, pour l'instant, à limiter le cercle géographique de nos recherches, il nous permettra, en revanche, de les étendre à toutes les branches du droit anglo-saxon. Et c'est là le troisième et dernier point de vue par lequel cette chaire nouvelle se différencie des chaires antérieures de droit comparé. Ces dernières étaient des chaires de *droit civil comparé*. Celle-ci est une chaire de *droit comparé général*. Il va de soi que ce n'est pas par les chapitres qui — comme c'est le cas de la majorité des titres de notre code civil — réglementent les relations domestiques, que des rapprochements entre les droits ont le plus de chance de s'opérer. S'il fallait à tout prix cantonner l'enseignement de la jurisprudence comparative dans l'un des compartiments particuliers du droit, le compartiment commercial serait beaucoup plus indiqué que le compartiment civil. Mais, à vrai dire, tout cantonnement serait intolérable. La jurisprudence comparative n'est pas une branche de la science du droit; c'est une méthode générale d'étude du droit. Celui qui est en possession de cette méthode peut l'appliquer indifféremment aux branches les plus variées du droit. Mais tous les terrains ne sont pas également propices à son apprentissage. Si l'on veut que cet apprentissage produise tous ses effets éducatifs, il convient de choisir de préférence, comme champ premier d'expérimentation, les parties vivantes et mobiles de la jurisprudence contemporaine qui, étant nées du développement de forces économiques agissant sensiblement sous les mêmes formes dans l'ensemble de la société des peuples, reposent à peu près partout sur les mêmes substructures sociales. Ces matériaux de démonstration, le professeur doit pouvoir les puiser dans les domaines les plus divers et les grouper sans souci des compartimentages anciens. C'est cette liberté de mouvements que je désire affirmer, au moment où je prends possession de cette chaire, par le choix des matières qui seront l'objet de son second cours, celui du mercredi.

J'étudierai cette année un ensemble de problèmes qui forment aujourd'hui un chapitre bien délimité de la jurisprudence anglo-saxonne, le chapitre des *restraints of trade*, c'est-à-dire des limitations apportées par les initiatives des individus et des groupements économiques à la liberté du travail, du commerce et de l'industrie, au jeu naturel de la loi de l'offre et de la demande et de la libre concurrence universelle : limitations nées tantôt de l'activité des grandes coalitions de capitaux que le langage populaire unit sous le nom générique de trusts, tantôt de clauses insérées dans les cessions de fonds de commerce ou dans les contrats de louage de services, tantôt d'utilisations jadis insoupçonnées du brevet d'invention, tantôt de mesures prises par le commerce en gros pour diriger les cours du commerce de détail ou par les détaillants pour se défendre contre cette tutelle, tantôt du heurt entre les organisations patronales et les organisations ouvrières. Ce sont là problèmes qui se meuvent pour la plupart en dehors des domaines classiques du droit civil, sur le terrain du droit commercial, du droit industriel ou de la législation ouvrière, et qui mettent en action les méthodes du droit pénal et du droit administratif aussi bien que celles du droit privé. Mais, en les regardant de plus près, on s'aperçoit qu'ils touchent au cœur même de la partie centrale du droit civil. Car la multiplication des *restraints of trade* transforme et régénère les deux notions maîtresses sur lesquelles reposait jadis toute cette partie générale : la notion du contrat, en substituant aux conventions individuelles le *status*, l'état de droit passager créé par les marchandages collectifs ; la notion de l'obligation, en munissant les droits nés des contrats de travail et des contrats commerciaux de garanties contre l'atteinte des tiers qui les rapprochent des droits réels.

*
* *

Pas plus que l'enseignement de l'histoire comparative, ce second enseignement ne se suffit à lui-même. Comme lui il n'est qu'une préface et une préparation à des études d'ordre plus pratique. Il n'a d'autre but que de me permettre de vous présenter, en les situant à leur place dans le mouvement d'ensemble des législations anglo-saxonnes, quelques grands arrêts de principe que je soumettrai ensuite à votre discussion personnelle : arrêts réservés pour cet

examen commun parce que, tous, ils tranchent des questions qui
ne sont pas spécifiquement anglo-américaines, mais se posent ou se
poseront chez nous dans les mêmes termes généraux, parce que
nées de phénomènes économiques à portée mondiale.

J'arrive ainsi à ce que je considère comme le rouage essentiel de
notre Institut : la *triple salle de travail*. Elle est sortie de ren-
contres fortuites entre M. Maurice Picard et moi. Pour guider les
étudiants dans une étude directe et approfondie de notre jurisprudence nationale, M. Picard avait rassemblé dans une de nos salles
une série de recueils d'arrêts français, pendant que, de mon côté,
je constituais, dans une salle voisine, un embryon de bibliothèque
de jurisprudence anglo-américaine. Le rapprochement de ces deux
jurisprudences était de nature à éclairer le génie propre et les
méthodes d'élaboration de chacune d'elles. Il était tout indiqué que
nous unissions nos efforts. Nous les avons unis. Mais nous avons
immédiatement senti que, pour pénétrer les raisons d'être des divergences et des dissemblances que nous relevions entre nos deux
jurisprudences dans leurs pages vraiment vivantes et modernes,
nous ne pouvions nous passer du concours d'un économiste, et
d'un économiste disposé à descendre de temps à autre des hautes
sphères de la science pure pour étudier les questions pratiques et
contingentes que soulève la marche de la litigation. M. Antonelli,
par la direction de ses travaux antérieurs, était désigné d'avance à
nos sollicitations. Il les a accueillies avec sa bonne grâce et son
dévouement habituels. Cette entente d'un civiliste, d'un économiste
et d'un historien pour poursuivre en commun une même tâche
d'enseignement pratique de la jurisprudence comparative est, en
quelque sorte, la démonstration expérimentale de l'étroite dépen-
dance qui rattache le droit à des disciplines que les débutants
considèrent trop souvent — un peu par notre faute — comme des
enseignements parasitaires. Dans notre triple salle de travail, les
étudiants examineront successivement les mêmes problèmes d'ac-
tualité juridique, avec M. Antonelli, sous leurs aspects économiques
et sociaux, avec M. Picard dans les développements qu'ils ont reçus
dans la jurisprudence française, et avec moi au travers d'une jurisprudence étrangère, pour l'instant de la jurisprudence anglo-
saxonne.

En ce qui me concerne, je tenterai dans cette salle commune de
travail l'expérience d'une méthode d'éducation juridique en laquelle

j'ai foi et qui a fait depuis longtemps ses preuves aux Etats-Unis, la *méthode du cas*. Cette méthode cherche à imiter les lois mêmes de la formation par la pratique, de l'éducation dans l'étude de l'homme d'affaires. Elle place l'étudiant en présence des problèmes juridiques tels qu'ils se présentent devant les tribunaux, sous la forme « cas de loi » soumis aux juges au travers d'espèces concrètes. Elle l'exerce à dégager, sous la direction discrète du professeur, les principes mis en jeu dans chaque espèce et les raisons d'être de la conciliation donnée par la jurisprudence aux principes en conflit. Elle s'efforce de le préparer directement à la besogne qu'il aura à accomplir au sortir de l'école, et sous la forme où elle se présentera à lui, forme de réponses à des demandes de consultation ou de jugement. Sans doute les principes généraux du droit ne se révèlent pas à lui avec la même rapidité et la même harmonie logique que dans l'enseignement doctrinal du cours. C'est lui qui les dégage un à un de la comparaison des cas. Mais l'effort fait pour les découvrir les grave plus profondément dans son esprit et lui donne un sentiment plus juste de leur portée et de leurs nuances.

Cette méthode, quand elle est maniée dans un esprit trop étroitement professionnel, risque, il est vrai, d'accentuer, par l'éducation de l'école, la tendance, déjà trop développée, des praticiens à renfermer tout leur art dans la chasse au précédent judiciaire, à se laisser bercer par une foi aveugle à l'autorité illimitée du cas jugé, et de les rendre ainsi moins aptes à observer et comprendre les mouvements d'assouplissement et d'adaptation du droit. Mais un effort efficace pour conjurer ce risque a été fait dans ces temps derniers par les maîtres de l'école à qui revient l'honneur d'avoir été l'initiatrice de cette méthode, l'Université Harvard. Les intéressantes annotations d'arrêts que leurs élèves publient mensuellement dans *Harvard Law Review* ont changé d'allures. Elles ne se bornent plus, comme jadis, à une confrontation critique de l'arrêt annoté avec les décisions judiciaires antérieures. Cette étude technique est désormais précédée d'une opération préliminaire qu'on appelle la *balance des intérêts* et qui constitue en quelque sorte l'exploration économique du sujet. Opération qui d'ailleurs n'a pas été inventée par les maîtres d'Harvard et est depuis longtemps familière aux tribunaux. Balance des intérêts : c'est la seule expression qui convienne pour définir le contenu et l'esprit des remarquables dissertations de droit et d'économie politique appliquée que sont les « opinions » délivrées par les membres de la Cour suprême fédérale des Etats-Unis ou par les grands juges anglais de la Chambre des lords ou de la Cour des appels, dans certaines grandes affaires retentissantes que nous étudierons ensemble.

Cette balance judiciaire des intérêts débute naturellement par la comparaison des intérêts respectifs des parties en cause, non pas de ces parties envisagées dans leur individualité, mais prises ès qualités, comme représentant ces personnages abstraits que sont le vendeur et l'acheteur, l'employeur et l'employé, etc. Il faut rechercher les conditions dans lesquelles s'exercent les deux activités en lutte, les exigences auxquelles est subordonné leur plein développement, déterminer pour chacune d'elles l'étendue précise des dommages causés par le heurt de l'autre, et peser les intérêts ainsi dégagés de façon à ne pas s'exposer à faire subir à l'un un sacrifice considérable pour ne procurer à l'autre qu'un avantage minime. Mais, à côté de cette première catégorie d'intérêts, il en est beaucoup d'autres qui doivent entrer en compte dans la pesée judiciaire. Ce sont d'abord les intérêts des groupes en relations d'interdépendance économique avec ceux auxquels appartiennent les parties ; ici, les consommateurs, ailleurs les usagers. C'est surtout le puissant faisceau d'intérêts collectifs de la société que les textes judiciaires anglo-américains appellent la *public policy* en prenant ce mot dans son sens ancien de politique publique. Faisceau singulièrement complexe, parce que composé des multiples orientations que la collectivité cherche à imprimer à l'action d'ensemble de ses membres. Or ces orientations sont souvent confuses et contradictoires. C'est ainsi que, dans les décisions anglaises qui ont fixé la valeur et la portée des *restraints of trade* insérées dans les contrats de louage de services, nous verrons les juges comparer d'abord l'intérêt que la police publique a au maintien de la liberté du contrat à celui qu'elle a au maintien de la liberté du travail, puis faire entrer en ligne un troisième intérêt public, l'intérêt de la société à empêcher que, dans le marchandage des conditions du contrat de travail, la partie la plus faible soit opprimée par la plus forte. C'est ainsi encore que le célèbre arrêt du trust de l'acier nous montrera les magistrats américains balancés entre deux aspirations contradictoires de la police publique de leur pays : les aspirations de sa politique commerciale intérieure et celles de sa politique commerciale extérieure. C'est parce que, partout, les tribunaux se livrent, plus ou moins ouvertement, à ce travail compliqué de balance entre les intérêts individuels, puis entre les intérêts de l'ordre public et enfin entre les deux masses d'intérêts, que jamais les jurisprudences n'ont l'implacable ordonnance logique des constructions de la doctrine.

Ceci vous indique de quelle façon j'entends pratiquer avec vous la méthode du cas. A la fin de chacune de nos conférences du jeudi, je dicterai la liste de tous les faits essentiels d'un de ces « cas de loi » où la jurisprudence anglo-américaine a statué sur un problème de nature et de portée mondiales. Vous réfléchirez à la signification juridique de ces faits et, dans la conférence suivante, vous me ferez connaître le résultat de ces réflexions. A l'aide de la documentation fournie par M. Antonelli dans la salle de travail d'économie politique comparée, vous vous exercerez à établir la balance des intérêts engagés dans cette espèce. L'un d'entre vous analysera, tantôt la solution donnée au problème par l'unanimité des magistrats anglais ou américains, tantôt les vues divergentes développées par la majorité de la Cour et par les juges dissidents. Puis nous discuterons ces conclusions et, à la lumière des directions puisées dans la salle de jurisprudence française de M. Picard, vous rechercherez avec moi comment la question ainsi étudiée aurait chance d'être tranchée sous l'empire de notre droit. Il me semble que ces exercices pratiques de jurisprudence générale ont leur place tout aussi légitimement marquée à côté de l'enseignement doctrinal du droit que les exercices de la salle de dissection dans les Facultés de médecine à côté des cours d'anatomie. Et je suis persuadé qu'ils aideront ceux qui y participeront, d'une façon suivie et surtout active, à pénétrer dans la compréhension des réalités du droit aussi loin qu'on peut le faire à l'école, avant de s'être mêlé personnellement aux luttes de la vie juridique.

*
**

Telles sont les lignes essentielles de l'organisation de l'Institut de droit comparé. Pour qu'il puisse vivre et se développer, il faut : 1° que nous assurions à ses étudiants l'attestation officielle des aptitudes professionnelles qu'ils y auront acquises; 2° que nous le fassions connaître au dehors; 3° que nous le dotions de la documentation indispensable.

La *consécration de vos travaux*. Nous ne pouvons pas vous la donner sous la forme d'interrogations aux examens normaux de la Faculté. Seul le programme du doctorat juridique présente une fissure — qui va peut-être se rétrécir, — par où la jurisprudence comparative peut se glisser, mais seulement à un stade de la formation scolaire du juriste où elle ne doit plus avoir grand effet sur cette formation. Les programmes de licence lui sont hermétiquement clos. Et il ne dépend pas de nous de les assouplir. L'uniformité et la rigidité de ces programmes — que des réformes en préparation menacent encore d'accentuer — ne laissent à aucune Faculté de droit la possibilité de les adapter aux besoins particuliers, soit de la clientèle étrangère, soit de la clientèle française locale. Mais les Facultés des lettres sont, en revanche, dotées depuis peu d'un régime souple et libéral d'examens qui peut se plier à toutes les exigences de leur expansion extérieure et de leur expansion locale. La Faculté des lettres de Lyon a profité de cette liberté pour ouvrir ses portes à l'enseignement de l'histoire comparative du droit et de la jurisprudence comparative. Elle a créé un *certificat d'études comparatives de droit*[1] qui figure parmi ceux entre lesquels les candidats à la nouvelle licence ès lettres peuvent exercer leur option. Le droit comparé arrivera-t-il à déborder du cadre de la licence ès lettres sur celui de la licence en droit, en gardant le même caractère d'enseignement à option, qui est le seul qui lui convienne? Pour opérer cette transfusion, il suffirait, si l'on a peur d'exposer les enseignements historiques à la concurrence du droit comparé, d'autoriser les étudiants des deux premières années de licence à demander que les cours et travaux pratiques de jurisprudence comparative forment l'objet de leur seconde interrogation de droit civil. Mais nous n'espérons pas que ce vœu puisse être réalisé prochainement. Le vent ne souffle pas pour l'instant de ce côté.

Nous avons dû chercher un autre moyen d'assurer la constatation officielle du travail fourni sous nos yeux et des résultats de ce travail. Nous avons prévu la création d'un *diplôme d'études comparatives de droit* qui sera obtenu à la suite d'examens conçus dans un esprit profondément différent de celui qui a présidé à l'organisation de nos examens habituels. Nous vous ouvrirons toutes grandes

[1] Ce certificat est acquis à la suite d'un examen portant : 1º sur le cours d'introduction à l'étude de droit ; 2º sur le cours d'histoire comparative du droit ; 3º sur le cours de jurisprudence comparative.

les portes de notre bibliothèque d'études. Nous vous poserons successivement deux questions, l'une de jurisprudence française, l'autre de jurisprudence étrangère, — pour l'instant de jurisprudence anglo-saxonne — et nous vous dirons : vous avez quatre heures pour répondre à chacune de ces questions. Consultez nos collections, nos répertoires, nos livres de références et, si bon vous semble, les dictionnaires généraux et les dictionnaires de droit. Formulez ensuite votre avis par écrit en nous indiquant en quelques mots le sens et la portée des dispositions législatives et des décisions judiciaires qui le motivent. Nous contrôlerons par de rapides interrogations orales la sincérité de ces réponses. Et, si elles sont justes, si votre documentation est exacte, nous aurons acquis la certitude que vous serez en mesure de répondre aux questions variées, qui pourront vous être soumises après votre sortie de la Faculté, avec la même sûreté que vous aurez répondu aux nôtres, — pourvu qu'on vous laisse le temps de procéder aux recherches bibliographiques indispensables. Et il nous sera alors possible de garantir à vos futurs clients, en vous proposant pour l'obtention du diplôme, que vous êtes aptes, d'une part à élucider des questions de jurisprudence française, et, d'autre part, à remplir, pour la branche du droit étranger qui sera mentionnée sur ce diplôme, le rôle d'agents de renseignements juridiques du commerce extérieur que j'ai défini au début de cette leçon. Je ne doute pas que cette garantie ne prît une réelle valeur, si nous pouvions faire connaître au public intéressé le mécanisme et le fonctionnement de notre Institut.

D'où la nécessité de la publicité. Et, pour un établissement scientifique, la seule publicité réellement efficace est celle qui résulte des travaux de ses maîtres, mais surtout des travaux de ses étudiants. La façon la plus élégante d'obtenir cette publicité de bon aloi est sans doute celle des grandes Facultés de droit américaines. Ce sont leurs étudiants eux-mêmes qui l'assurent en publiant leurs annotations d'arrêts et les premiers travaux des plus avancés d'entre eux dans des revues juridiques où ils les encadrent entre les études d'anciens élèves de leur Université arrivés à la notoriété et celles de leurs professeurs qui leur réservent le meilleur de leur activité scientifique. En dehors même d'*Harvard Law Review*, qui occupe sans contestation le premier rang parmi les organes de la science juridique américaine, des publications, comme l'*Illinois Law Review* ou *Yale Law Journal*, ou les revues de droit de

Columbia University et des Universités de Michigan et de Pennsylvanie par exemple, sont pour les Facultés d'où elles sortent d'incomparables instruments de rayonnement et d'attraction. Nous
aimerions, nous aussi, à pouvoir grouper nos étudiants et anciens
étudiants pour la publication d'un journal où, avec notre concours
et celui de nos collègues, il leur serait loisible de passer la revue
des plus intéressants d'entre les récents statuts du monde angloaméricain, des arrêts des cours supérieures de l'Angleterre et des
États-Unis présentant une portée doctrinale extra-territoriale et de
ceux des livres ou des articles de périodiques anglo-américains qui,
par la nature des sujets traités, peuvent intéresser les juristes de
pays latins. Nous pourrions ainsi améliorer notablement la situation
de notre bibliothèque par le jeu des échanges et des envois pour
comptes rendus. Mais ce sont là des méthodes qui ne peuvent être
employées que par des Universités riches où possédant une clientèle
opulente. Nos ressources pécuniaires ne nous les permettent pas pour
l'instant.

Nous nous rabattrons donc sur le procédé de publicité familier aux
séminaires allemands qui ont su développer, à moindre frais,
le bon renom de leurs salles de travail par la publication de leurs
Studien, leurs *Untersuchungen* et leurs *Forschungen*. Nous allons
aiguiller les dissertations de fin d'études des habitués de notre
Institut vers des sujets à rendement prompt et sûr, qui, par la communauté de leur nature, permettent aux recherches de nos jeunes
collaborateurs de s'étayer les unes sur les autres et s'entraider à
forcer l'attention. Et nous profiterons de l'effort financier que l'impression des thèses impose aux étudiants en doctorat pour grouper
celles de ces monographies qui, issues de nos salles d'études comparatives, nous sembleront venues à terme et les soutenir par
l'encadrement dans une collection commune, sous la forme de
tirages à part enrichis de quelques additions, entre des travaux de
provenance moins scolaire, et à côté de nos propres productions
scientifiques. Nous nous sommes assuré, pour l'exécution de ce
plan, le concours d'un éditeur parisien.

Les sujets fructueux d'études pour un juriste français sont innombrables dans le vaste champ de la jurisprudence anglo-américaine.
Aux étudiants qui ne peuvent disposer que de quelques mois, ou
de quelques semaines, pour la préparation de leurs thèses, nous
conseillerons de se limiter à l'étude isolée d'un unique « cas de loi »,

mais d'un de ces cas qui ont fait règle, et d'où est sortie la réglementation judiciaire d'un de ces petits chapitres bien vivants du droit qui font surgir à l'heure actuelle les mêmes formes de litigation dans tous les pays civilisés. Il n'est pas un seul des arrêts que nous analyserons dans les conférences du jeudi qui ne puisse former l'objet d'une monographie de ce genre. C'est déjà par lui-même une précieuse mine de faits et d'idées qu'un de ces « cas reportés » américains où l'on voit les neuf juges de la Cour suprême des États-Unis, après avoir passionnément discuté entre eux toutes les données d'un grand problème juridique, consigner leurs vues dans de longues et savantes « opinions », délivrées l'une au nom de la majorité, les autres par les divers juges dissidents. Non moins suggestive est la lecture d'un de ces « cas reportés » anglais où, tour à tour, chacun des trois juges de la Cour des appels, puis six ou sept grands juristes de la Chambre des Lords ont retourné successivement une même question de droit sous tous ses aspects techniques et économiques dans des discours dont chacun est un modèle de dissertation juridique. C'est déjà rendre un service fort appréciable au juriste français, qui demain pourra avoir à étudier la même question, que d'extraire ces documents de collections qui lui sont d'ordinaire inaccessibles et de les lui présenter transcrits dans notre langue. Que l'étudiant replace, en outre, le cas analysé dans la série de ses précédents — qui sont tous cités dans les opinions des juges, — et de ses applications postérieures, — que nos livres de référence permettent de cataloguer en quelques heures; — qu'il clôture le tout par une comparaison avec la jurisprudence française, et il aura écrit, sans grands efforts, un livre à la fois très court et relativement riche d'idées — d'idées qui ne seront pas de lui, sans doute, mais qui, importées de l'étranger, auront encore chez nous une allure de nouveauté.

J'espère, d'ailleurs, que beaucoup s'aiguilleront vers des études de plus large envergure. Et ce sont des études de cette dernière espèce qui formeront les premiers fascicules de la collection des travaux de notre Institut de droit comparé : études en cours de préparation, consacrées à l'Association du barreau américain, à la Commission américaine d'uniformité des lois d'États, au développement des jugements déclaratoires dans les législations anglosaxonnes et les législations germaniques, à l'autorité comparée du cas jugé en France, en Angleterre et aux États-Unis, à la comparaison des méthodes de l'éducation légale en France et en Amérique, etc. Et combien d'autres directions s'ouvrent à nous : étude de lois nouvelles, étude de l'application judiciaire des grands actes commerciaux ou de leurs divers chapitres, étude de l'œuvre doctrinale de quelques-uns des *leaders* actuels de la science juridique anglo-américaine ou latine. La Société de législation comparée de Londres a glissé dans ses collections de travaux une remarquable galerie des grands jurisconsultes du passé. Nous aimerions à avoir dans la nôtre une galerie des grands jurisconsultes du présent, de ceux dont l'activité n'est pas encore close ou n'a été interrompue par la mort que depuis quelques années. Le premier de ces portraits, celui qui, par la richesse et la complexité de ses aspects, est le plus difficile à tracer, le portrait de William Maitland, est déjà en préparation. Nous avons aiguillé vers cette œuvre de longue haleine un collaborateur appartenant à un petit groupe d'agrégés de langues vivantes qui poursuivent ou achèvent les études du doctorat juridique et sur lesquels nous comptons pour devenir demain les codirecteurs de notre salle de jurisprudence comparative.

Mais, pour que ces travaux puissent s'orienter dans toutes les directions utiles et s'appuyer sur une documentation solide, il est indispensable que notre bibliothèque d'études ne reste pas dans l'état informe où elle se trouve présentement. Nous ne pouvons pas demeurer indéfiniment cantonnés dans l'étude de la branche métropolitaine du *common law* anglais, ni même dans celle de ses branches coloniales, — qui ne nous sont encore que très faiblement accessibles. Nos étudiants, en sortant du lycée, nous arrivent avec une connaissance élémentaire des langues vivantes que, par un étrange gaspillage de forces intellectuelles, nous laissons s'effacer progressivement à mesure que se prolonge leur séjour sur les bancs de notre Faculté. Nous allons essayer de saisir, dès les premières années de licence, les mieux doués et les plus travailleurs d'entre ceux qui sortent de la section anglaise pour les dresser à l'utilisation professionnelle de leurs connaissances linguistiques. Nous voudrions pouvoir rendre le même service à ceux qui sortent des sections allemande et italienne. Encore faudrait-il que la composition de notre bibliothèque nous en laissât les moyens ! J'espère que les pouvoirs publics, qui viennent de faire l'effort pécuniaire nécessaire à la création de cette chaire, consentiront encore l'effort, plus limité, indispensable pour lui permettre de donner des résultats utiles. C'est à la générosité posthume d'un notaire lyonnais, mort glorieusement pour la patrie, M⁰ Félix Balaÿ, que nous devons les premiers fonds qui ont servi à l'amorçage de notre bibliothèque. Espérons que cet exemple sera contagieux et nous aidera à trouver une aide locale. Dans le projet de règlement actuellement soumis à l'approbation ministérielle, nous avons prévu que des membres étrangers à l'Université pourraient être appelés au Conseil de direction de cet Institut. Je souhaite que des notabilités de l'industrie et du commerce consentent à nous apporter, par leur présence dans ce Conseil, l'assistance nécessaire pour orienter notre information et nos méthodes d'enseignement dans les voies les plus conformes aux besoins et aux désirs du commerce extérieur lyonnais. C'est seulement si nous trouvons ces concours — concours matériels et concours moraux — qu'il nous sera possible de préparer, par l'action combinée de nos trois salles de travail, la réalisation dans un avenir plus ou moins lointain de notre programme de 1919 et la substitution à cet Institut embryonnaire d'une véritable école de jurisprudence comparative.

Lyon — Imprimerie A. REY, 4, rue Gentil. — 84253

www.ingramcontent.com/pod-product-compliance
Lightning Source LLC
LaVergne TN
LVHW012112170726
843501LV00008BC/2841